Unter einem Mikroskop

36 Gedichte für eine parallele Welt
Lyrik.

Harald Birgfeld

Harald Birgfeld, geb. in Rostock, lebt seit 2001 in Heitersheim. Von Hause aus Dipl.-Ingenieur, befasst er sich seit 1980 mit Lyrik. Im Verlag **ars nova** erschien von ihm der Gedichtband, 295 S., "Auf deiner Reise zum Rande im Rande des Randes der Sonne". 10 Gedichtbände sowie 2 Bücher in Prosa erschienen von ihm, in mindestens 23 Anthologien ist er vertreten. Harald Birgfeld schrieb seine Gedichte überwiegend während der Fahrten in der Hamburger S-Bahn zur und von der Arbeit.

Aus dem Gutachten, 1986, einer an der Universität Freiburg tätigen Literaturwissenschaftlerin:
"Es lohnt sich, einmal einen heutigen Dichter kennen zu lernen, der mit der deutschen Sprache einen faszinierend fremden Weg betritt und trotzdem dem Leser Freiraum lässt für eigene Gedankengänge, ohne dass die Probleme in erhobener Zeigefingermanier zu zeitkritischen Trampelpfaden werden."

Buchumschlag: Harald Birgfeld

Herausgeber, Autor, Redakteur: Harald Birgfeld.
e-mail: Harald.Birgfeld@t-online.de
Im Internet unter : www.Harald-Birgfeld.de

Herstellung und Verlag:
Books on Demand GmbH, Norderstedt
ISBN 9783738604245

Inhaltsverzeichnis ....Seite

Unter einem Mikroskop
Entdeckte man ein
Virus,
Das den Überlebenswillen
Übertrug.

Einmal dehnte sich die Sonne aus.
Die Sonne, das ist eine dünne Haut,
Die sich unendlich dehnen kann,
Ist eine dünne
Haut aus Glut.

Ich wurde Zeuge,
Weil sie meine Schädelinnenwand
Berührte,
Ja, weil alles
Innerlich geschah.
Von außen sah man
Wie ich innerhalb von Stunden
Bis an meine Haut ergraute.
Meine Sonne war nicht stark genug
Herauszutreten:
Sonnenuntergang im Kopf.

Nur, wenn ich ganz alleine bin,
Mit mir,
Leg ich die Haut
Beiseite.

Im Garten rostet Regen,
Das versteh ich nicht.

Und doch seh ich den Regen
Braun aus weißen Wolken
Fallen.

Ich erinner mich dabei
An meinen eignen Körper
Oder besser noch
An deinen.

Siehst du,
Jetzt bist du es,
Die vielleicht auch der mich nicht versteht.

Hinterglasgemälde

Draußen stand in einer Fensterhöhe,
Oberhalb des letzten Häusergipfels,
Außerhalb davon in einer grauen Wand aus Nebel,
Leichtem Regen, Schnee,
Ein Möwenvogel.

Seine braunen Flügelränder schnitten
In der kurzen Zeit des Augenaufschlags
Eine Schrift, ein Zeichen,
Fast ein wenig Wiedersehensfreude in die Luft,
Den Fetzen von Erinnerung vielleicht,
Das Staunen, noch in dieser Höhe auf Lebendigkeit
Zu stoßen.

Ich, in meinem einen Fenster, eines
Tausendfensterfelsens,
Wusste nicht, dass die Gemälde hinter Glas
Nur in
Gefangenschaft entstehen.

So geschehen
Mitten unter uns,
An meiner Hand.

Man hat danach gegriffen,
Nahm sie mit.

Verlust an meiner
Rechten Seite

So geschehen
Außerhalb von mir:
Wo ich das Gras vermutete,
Wo früher Halme wuchsen,
Schossen Draht aus Eisen
Und Gestänge aus der Erde.
Es war Wachstum,
Das sich frei verbreitete.

Von drüben kamen Fressmaschinen,
Die auf dieser Weide grasten,
Üppig war das Angebot.

Ich steh der Flucht entgegen,
Den Maschinen gegenüber,
Meine Fingerspitzen
Zeigen leichten Rost,
Vielleicht nur Flugrost.

Der Bestimmer über meine Haut
Bestimmt:
Sie ist Metall für dich
Und soll nun auch metallen werden.

Stich um Stich und eng an eng
Sticht man die feinen Nadeln ein.

Mein Panzer wächst.
Metallen soll er sein.

Die Nadelköpfe breiten einen Teppich aus
Und schrecken nicht zurück
Und wachsen schnell bergauf,
Mir ins Gesicht.

Wenn ich an meine Augen denke,
Die sind fast erreicht…
Herr Gott, vergib mir meine
Unbeweglichkeit.

Heute Morgen lag
Mein Schatten vor der Tür
Und wollte heim,
Zurück zu mir.

Ich hatte ihn bis dahin
Nicht einmal vermisst.

Ein Glasgefäß,
Mehr eine Kugel, ganz aus Glas,
Mit einer Seitenöffnung,
Rollt auf einer Straße.

Seine Öffnung bleibt auf einer Seite.
Groß ist dies Gefäß,
Es wächst mit jedem
Großen Wort, das es verschlingt.

Ich steige nun hinein.

Bevor ich es vergess...
Ja, danke, dass du mir
Behilflich bist...
So wird es wohl gewesen sein.

Ein rollendes Objekt lief einem
Andren rollenden Objekt,
Und wurde auch von ihm gesehen,
Über seinen Weg.

Von beiden dachte jedes,
Dass es sich zum Glück
In diesem Augenblick
Nicht fortbewegte.

Es ist nun so:
Den Schrei hab ich getan,
Er ist verhallt.

Ich gehe an die Wand
Und suche nach Beweisen.

Später schreibe ich
Darüber ein Gedicht,
Das wird ein andrer oder eine andere
Zu Ende schreiben
Müssen.

Ich beschloss!

Welch eine kleine Handlung.
Das ist Jahre her.
Und, wer mich kennt,
Bemerkt mich ständig
Auf der Suche.

So und ohne jeden Schlüssel
Komme ich nicht mehr
Heraus.

Auf der Fensterbank
Liegt eine scharfe Klinge,
Die erkennt man
An dem Sonnenlicht,
Das fällt auf diesen Klingenrand
Und blutet.

Nein, du hast ganz recht.
Du musst nicht alles glauben
Was ich sage,
Und du siehst ja schließlich selber,
Was ich alles sehe.

Übertragung.

Über etwas tragen.
Etwas übertragen.
Etwas über etwas tragen.
Etwas über etwas übertragen.
Etwasübertragung.
Überetwasübertragung.
Übertragung.

Ich habe mich geweigert,
Nicht verweigert.
Ja, das ist ein
Unterschied.
So zog sich jemand anders
Meinen Lügenmantel an
Mit dem ich ungehindert
Hätte gehen können.

Man verstand mich nicht.
Ich zwang mich also
Meinen Lügenmantel
In die Sichtbarkeit zu rücken.

Mit dem Messer ritzte ich
Den flachen Holzspan quer,
Ich knickte ihn und zog ihn
In der ganzen Länge auseinander.

Auch die neuen Späne teilte ich,
Sie waren dünner als Papier,
Und die noch einmal und noch einmal.

Alles das tat ich in Wirklichkeit mit mir
Und stellt meine Duplikate
Zur Verfügung.
Daraus hätte man mich
Flechten,
Einen Spankorb
Machen können.

Man rief nach mir.

Ich stand an einem Platz,
An einer Holzwand,
Mit dem Rücken an der Holzwand.

Der mich rief, es war die Stimme
Eines Mannes, einer Frau,
Verlangte, dass ich komme.

Also schulterte ich mir die Holzwand auf
Und kam, so gut es ging.
Es ging nicht gut.

Die Stellung zwischen mir,
Der Wand,
Dem Rufer
Blieb fast unverändert.

Holzwand,
Rücken,
Rufer,
Holzwand,
Rücken,
Rufer,
Holzwand,
Rücken,
Rufer.

Ich, ich, ich.
Da drüben seh ich mich,
Ich steh herum.

Wir beide sind ein Teil
Des roten, hohlen Glasrohrs,
Sind ein Teil im Schacht,
Der läuft um uns herum,
Wird dann zur Schleife.

Abends, wenn es dunkel wird,
Beginnen wir zu leuchten.

Niemand wird das Flackern
In der Leuchtschrift
Richtig deuten.

Ich sag mir kein Wort.

Milde, das ist nur ein Wort im Raum,
Nicht mehr als eine Flocke,
Ein Kristall im Wasser.

Wenn es niederfallen wird,
Entscheidet etwas Wärme
Über alles.

Sie schrieb mir einen Brief.
Der Brief traf ein.

Der Brief traf in mir ein.

Ich ließ ihn liegen,
Wegen dieser Angst,
Er träfe in mir
Ein

Das schrieb sie mir.

Wir standen zueinander,
Und wir lachten plötzlich,
Ja, wir mussten lachen
Über dieses eine Wort.
Es stieß direkt zu uns
Durch einen Augenblick
Der Stille,
Durch ein völlig sprach- und
Worteloses
Zueinanderstehen.

Nein, ich lüge.

Wirklich war es nur
Dies einsame Gefühl,
Dass mir der Kopf
Von einem Augenblick zum andren
Schmerzfrei wurde
Und sich wieder auf mich setzte.

Du jammerst über mich:

Mir seist du weiter nichts
Als Klopfen an mein Ohr;
Ich lebte drinnen weiter,
So, als gäbe es dich nicht,
Als habe es dich nie gegeben.

Und ich selbst?
Was soll ich sagen?

Ich vermisse dich,
Bestimmt.
Doch jetzt sei still
Und lass mich lauschen
Auf mein Klopfen,
Ob sich etwas rührt.

Ich bestehe auf der Wahrheit.
Jeder Kreis hat
Einen Anfang,
Der liegt in der Mitte.

Was ist aber mit
Dem Kreis
Des freien Raumes?

„Was hast du nur getan"!

„Ich habe weiter nichts getan
Als mir den Kopf
Durch mich verletzt.
Dort fing es an.

Ich dachte,
Dass ich an dem rechten Platz
Mit meinem Aufenthalt
Beginnen müsste".

Die Kugel liegt im Zimmer
Auf dem Teppich,
Daraus steigt Musik
Empor.

Nein, weiter nichts, als
Wände aus Papier,
Die sich, so unter Wasser,
Schwerelos entfalten.

Du bist Gast
In meiner Wohnung.
Sei willkommen.

Aus dem Fenster
Eines Zuges sah ich
Eine Sammlung runder Steine,
Nah am Feldrand,
Eine Feldsteinmiete.
Unter ihr die Erde.
Winzig war der
Platz der Ruhe unter
Steinen.

Als ich mich im Fenster
Streckte
Und die Hände rückwärts
In die Haare griffen,
Spürte ich den Schaft des
Langen Nagels immer noch,
Er ragte vorne aus dem Bild.
Man fragte
Ob ich das Bewusstsein
Kaufen möchte.

Es war ein Alltag,
In der Küche stand ein Topf,
Ein großer Topf,
Ein Topf, der zehnmal höher
War als ich.
Er stand auf unsrem Herd.

Ich hob den Deckel an
Und sah hinein.

Im Innern schwammen
Unsre Möbel,
Auch das Kissen, das jahrzehntelang,
Nur um mit meinem Kissen
Parallel zu sein, des Tags
Auf deinem Bett gelegen hatte.

Nein, es wurde nie von dir
Benutzt,
Du legtest es des Nachts
Beiseite.

Es war gut so.

Bald war Essenszeit.
Du warst die Köchin,
Aber ahntest nichts von dem Geschehen,
Ja, du lachtest über deinen
Ungewöhnlich großen Topf.

Es roch sehr gut
In deiner Küche.

Dann beginnt der Regen,
Der besteht nur aus Geräuschen,
Nicht aus Regentropfen,
Die man kennt.

Der Regen dringt in alle Häuser,
Alle Zimmer,
Bis in jeden letzten Winkel,
Trifft auf Gegenstände, Dinge,
Mensch und Tier
Und geht durch alles.

Regen, das ist falsch,
Besteht nicht aus Geräuschen,
Denn er endet nicht,
Man hört ihn nicht,
Er ist nur allem, allen in den Ohren.
Davon wird kein Mensch,
Materie nicht und gar nichts
Ausgenommen.

Leider ist es, dass man das,
Wovon in diesem Fall gesprochen wird,
Am besten mit dem Regen,
Mit den Regentropfen,
Die man kennt,
Erklären kann.

Ich sprach vom Leben,
Und der Tod
War schon vorbei.

So ahnungslos
War ich.

In der Kirche,
Tanz des Goldhaars,
Orgelspiel,
So fremd das Licht
Aus einem Seitenfenster.

Als ich kam,
War draußen Nacht,
Nein, mach das Licht
Nicht an,
Lass doch die Sonne
Unbehelligt,
Lass sie bitte
Völlig unbehelligt,
Lass sie unbehelligt,
Unbehelligt.

Es ist ein Anruf:
„Wir sind sicher, ja, ganz sicher,"
Heißt es,
„Doch, Sie sind es."

Danach tut sich nichts.
Es tut sich nichts.
Es tut sich gar nichts weiter.

Ich leg auf.

Ich sollte mir abhandenkommen,
Unter hellen Schreibtischlampen
Mich verlieren.

Jemand sagt es so:
Es ist unmöglich
Im Getreidefeld,
In das der Wind fällt,
Ein Ähre mit den Augen
Festzuhalten.

Ich steh außerhalb
Und liebe Ährenwellen,
Die das Feld durchlaufen.

Ja, ich geb es zu,
Ich hätte von mir hören lassen sollen,
Und ich habe viel zu lange
Nichts von dir gehört,
Und meine Sehnsucht
Hat sich jeder, die dir ähnlich war,
Als Rucksack,
Als ein Fallwind
Aufgedrängt und angehängt.

Ich las die Worte nach.
Es hieß:
„Die Sonne, blaubezogen,
Nahm die Erde wahr.
Sie stieß an sie, so schien es,
Sank an ihr vorbei,
Und keine Schnelligkeit war schnell genug
Sie anzuhalten
Oder aufzuheben".

Das war falsch.
Es müsste richtig heißen:
„Erde, weiß bezogen,
Nahm die Sonne wahr.
Sie stieß an sie, so schien es,
Sank an ihr vorbei
Und keine Schnelligkeit war schnell genug
Sie anzuhalten
Oder aufzuheben".

Das war falsch.
Es müsste richtig heißen:
„Wir hier draußen
Sehen nicht den Tag
Und sehen nicht die Nacht
Und Tag ist Nacht
Und Nacht ist Tag
Und Tag ist Nacht und Tag
Und Nacht ist Tag und Nacht
Und Tag ist Nacht und Tag und Nacht
Und Nacht ist Tag und Nacht und Tag
Und Tag ist..."

Das war falsch.
Es müsste richtig heißen:
„Sonnetagnachterde,
Tagnachterdesonne,
Erdesonnetagnachtsonneerdetagsonnenacht..."

Das war falsch. Ist alles falsch.
Es müsste richtig heißen!

Richtig muss es heißen:
„Wir hier draußen
Haben alles einbezogen,
Und von dem Zusammenhang, vom Anfang,
Spricht hier niemand mehr,
Es gibt zu viele Sonnen
Und zu viele Erden.

Meine Aussichtskapsel lässt mich
Schwärze stufen, lässt mich
Tiefe stufen, lässt mich
Stillstand stufen".

Meine Schuld ist ohne Schuld.
Ich habe nur den Stillstand
Festzustellen, einzutreiben
Und ihn einzustufen,
Es geht hier nur um den
Einbruch in den Stillstand.

Meine Arbeit ist sehr schwer,
Sie überfordert mich,
Und manchmal nehme ich mir einen Gegenstand.

Ich weiß genau Bescheid.
Ich rühr und reg mich nicht,
Ich rechne mit der Zeit.
Selbst hinterher
Bleib ich ganz stumm
Und sehe mir nicht
In die Augen.

Ich bin der Empfänger,

Mich erreicht ein Brief,
Der trägt kein Datum,
Und ich werde ihn nicht
Ordnen können.

Welch ein Unsinn.
Schließlich weiß ich selbst,
Wann ich
Gelebt hab.

Der Finger gleitet
Über eine alte Narbe
Die ist nur verheilt,
Sie lässt sich streicheln.
Damals war sie
Wunde.

Kunst kennt keinen
Fortschritt.

Weitere Veröffentlichungen von Harald Birgfeld im Verlag:
Books on Demand GmbH, 22848 Norderstedt

and I said to myself, what a wonderful world
36 Gedichte mit fantastischen Inhalten, 44 S. Format A5
Für dich...
43 Liebesgedichte und 15 Augen-Blicke, 32 S. Format A5
Gedichte, veröffentlicht in ausgewählten Anthologien, und
Namenlos von meiner Insel, 42 Briefe
Lyrik, 112 Seiten, Format A5
Honigweißer Duft
14 fantastische Gedichte, 32 S. dabei 14 farbige Seiten, Format A5
Mund aus Glas am Rand aus Fleisch
114 Gedichte, Schwarze Liebeslyrik, 120 S. Format A5
Sofortige Lähmung
112 Gedichte aus dem Innersten, 72 S. Format A5
Von Haut zu Haut
132 Gedichte: Was macht meine Liebe an dir und an mir mit mir
und mit dir? Liebeslyrik. 48 S. Format A5
Wo die schwarzen Blätter wachsen
129 erotische Gedichte? 76 S. Format A5

Prosa:
Die Tätowierungen der jungen Tanja W.
„Die Tätowierungen der jungen Tanja W." handelt von der Selbstsuche
und Selbstfindung einer jungen Frau, 132 S. Format A5

Ingenieursarbeiten:
Fünf Veröffentlichungen/Five Publications (deutsch/englisch),
32 S. Format A5
Theorie und Utopie der eigenen Zeit,
Theorie und Utopie der anderen Zeit.
Die Zeit der Gleichungen ist vorbei
Societ lyrics, was ist das?
Folienbilder-Entstehung
Kleine Fibel Arbeitsschutz *(für die praktische Arbeit) an:*
„Hochschulen"/ „Kindergärten"/ „Schulen".